Semua Haus Kasih

Semua Sulit Dikasihi

Ratapan tentang Kasih yang
Bertahan dalam Kelelahan

ABRAHAM REYMOND

SEMUA HAUS KASIH, SEMUA SULIT DIKASIHI

First edition. January 27, 2026.

ISBN: 979-8224150700

Written by Abraham Reymond.

Also by Abraham Reymond

7 Deadly Sins in Poetry
My Thief of Joy
Romanticized Sin

Darkness of Entertainment Industry
When Art Stands Above Life
Genius Lost in Silence
Art As Slavery

Heartbreak
Unreachable, Unavailable
Kekasih orang
Just A Dead Star
Will You Love a Depressed Person?
Puisi Novel Kekasih Orang

History of mankind
Verses of Three Kingdoms

Household Poetry

Kitchen Psalms

Daily Baptism

The Child's Dreamroom

Lamentation

Not Dead, Not Living

Meratapi Nasib

How the Star Has Fallen

Death Is a Blessing

Lament of Sacred Spaces

Not Everyone Is Chosen

Puisi Renungan: Meratapi Nasib

Semua Haus Kasih, Semua Sulit Dikasihi

Praise & Worship Collection

The Epitome of Beauty

God of My Youth

Psalms For Children

Tuhan yang indah

Worship in Heartbreak

Registered in Heaven

Romance in the air

One Love Until the End

Senyuman yang kusuka

Girl of My Dreams
Sanctuary of the Parents
Renungan: Senyuman yang Kusuka

Romantic Novel in Verse
One Love Until the End: A Novel in Verse

The wonders of nature
God's Breath of Life
The Rooted Ones

The Work of Worship
The Work of Worship I: Prayer

Verses of animals and beasts
Ancient Echoes: Creatures of Old
Mythbeasts: Songs of the Imagined
Mythbeasts: Songs Of The Imagined, Illustrated Edition
Songs Beneath the Water

Wisdom Psalms
Wake up, sleeper
Berbahagialah
The Wisdom Chronicles
Building Churches in Our Youth

Money As My Servant
Their First Church is You
Leadership Born From Depression

Worship Poetry Devotional
The Epitome of Beauty: A Poetry Devotional
God of My Youth: A Poetry Devotional
Tuhan yang Indah: Puisi Renungan

Standalone
Things We Overlook: A Mall Poetry Collection
Bites & Rhymes
Foundation of Logic And Reality
Girl of My Dreams
Girl of My Dreams: Illustrated Edition
Love in Style
Will You Love a Depressed Person?: Novel in Verse
Wake Up, Sleeper: A Poetry Devotional
Things We Overlook — Illustrated Edition
The Days When Magic Broke
Unreachable, Unavailable – A Novel in Verse
Atlas of the Endless Realms
The Martial Muse
Illustrated Bites & Rhymes

Watch for more at patreon.com/Reymondpoems.

Daftar Isi

Semua Haus Kasih, Semua Sulit Dikasihi

Semua haus kasih

Aku haus
Bukan karena kekosongan yang dramatis
Tapi karena hari-hari panjang
Yang terus menuntut tanpa memeluk
Aku belajar menyebutnya "cukup"
Padahal tenggorokanku kering
Oleh perhatian yang tertunda
Oleh pelukan yang selalu "nanti"
Aku tidak kelaparan akan pujian
Tidak mengejar kata-kata manis
Aku hanya ingin dilihat
Tanpa harus menjelaskan
Mengapa aku lelah
Jika ini terdengar lemah
Biarlah
Haus tidak pernah salah
Karena ingin minum
Aku tidak datang membawa pembelaan
Tidak juga tuntutan
Hanya pengakuan sederhana:
Bahwa semua haus kasih
Dan manusia
Sebelum menjadi kuat
Selalu ingin dicintai

Tenggorokanku belajar diam

Aku pernah tahu
Bagaimana caranya meminta
Suaraku dulu naik
Tanpa negosiasi dengan malu
Sekarang
Kata-kata berhenti
Di batas lidah
Bukan karena tidak perlu
Tapi karena terlalu sadar
Akan beratnya permintaan
Aku belajar bahwa kebutuhan
Bisa membuat ruangan berubah
Tatapan mengeras
Jarak menjadi resmi
Maka tenggorokanku belajar diam
Bukan sebagai kebajikan
Melainkan keterampilan bertahan
Aku minum pelan
Dari sisa-sisa perhatian
Mengatur haus agar tidak terdengar Ini bukan kekuatan
Ini latihan menahan diri
Agar tidak terlihat
Terlalu ingin diselamatkan

Kebutuhan yang sering disangkal

Kasih bekerja diam-diam
Seperti air di tubuh
Tidak terasa saat cukup
Baru disadari ketika terlambat
Kita diajari menunda:
Menunggu waktu yang lebih layak
Keadaan yang lebih aman
Versi diri yang lebih pantas
Padahal tidak ada yang bertumbuh
Tanpa cukup kasih
Yang ada hanya bertahan
Berjalan kering
Dengan nama yang rapi
"Kita bisa hidup tanpanya"
Kata banyak orang
Dan mereka benar
Hidup masih berlangsung
Hanya lebih keras
Dari yang seharusnya
Kasih bukan hadiah tambahan
Ia kebutuhan yang sering disangkal
Lalu diganti disiplin
Kesibukan
Atau doa yang cepat
Dan tubuh kita
Terus mengingatkan Dengan cara paling sederhana:
Lelah yang tidak hilang

Hidup yang kering

Kita tidak mati
Karena kurang kasih
Tubuh tetap bangun
Pekerjaan tetap selesai
Hari tetap bergerak
Kita belajar berfungsi
Dengan baik
Minum secukupnya
Agar tidak tumbang
Tapi tidak cukup Untuk benar-benar segar Kita menyebutnya dewasa:
Tidak bergantung
Tidak berharap terlalu banyak
Tidak mengganggu
Padahal yang terjadi
Hanya pengeringan pelan-pelan
Emosi dirapikan
Kerinduan dipadatkan
Kebutuhan diberi nama lain
Kita hidup, ya
Tapi hidup yang kering
Pun tahu caranya bertahan
Ia hanya lupa rasanya mengalir

Aku ingin dicintai

Aku lelah
Menyusun alasan
Agar pantas diterima
Setiap kali ingin dekat
Aku membawa catatan kaki:
Latar belakang
Niat baik
Kesalahan yang sudah lama
Seolah kasih
Butuh penjelasan lengkap
Sebelum boleh tinggal
Padahal aku tidak meminta
Dimengerti seluruhnya
Aku hanya ingin
Tidak selalu ditanya
Mengapa aku begini
Ada hari-hari
Di mana keberadaanku saja
Sudah menghabiskan tenaga
Dan menjelaskannya lagi Terasa seperti pekerjaan tambahan
Aku ingin dicintai
Seperti rumah mencintai penghuninya: Cukup membuka pintu

Kami tidak tahu

Tuhan
Kami datang
Tanpa kalimat yang rapi
Tangan kosong
Mulut terlalu terbiasa menahan
Tidak ada permohonan jelas
Hanya kehadiran
Yang diletakkan pelan di hadapan-Mu
Kami tidak tahu
Apa yang pantas diminta
Kami hanya tahu
Ada sesuatu yang kurang
Dan kami terlalu lelah untuk menamainya
Maka diam pun kami serahkan
Sebagai doa
Napas yang tertahan
Air mata yang tidak jatuh
Harapan yang belum berani disebut
Saat Engkau mendengar
Tanpa harus kami jelaskan
Terimalah ini:
Kehadiran kami yang haus
Dan keberanian kecil
Untuk tetap datang

Terasa seperti langkah salah

Mengasihi sekarang
Terasa seperti langkah salah
Terlalu cepat
Terlalu dekat
Terlalu berniat baik
Dunia belajar curiga
Dengan rapi
Setiap perhatian ditanya maksudnya
Setiap kebaikan diminta bukti
Bahwa ia tidak berbahaya
Maka kita berdiri canggung Di ambang sederhana:
Menyapa
Atau lewat saja
Menolong
Atau berpaling
Peduli
Atau aman
Tidak mengasihi
Lebih mudah dijelaskan
Ia tidak perlu alasan
Tidak memancing tanya
Tidak mengganggu sistem
Mengasihi membuat kita
Terlihat mencurigakan
Seolah kebaikan
Harus selalu disertai motif
Dan kita pun belajar
Menyembunyikan niat baik
Agar tidak disalahpahami
Sebagai pelanggaran kecil

Yang terlalu manusia

Tembok canggung

Tembok itu tidak tinggi
Bahkan tidak terlihat
Seperti tembok
Ia muncul
Di antara dua sapaan
Di detik tambahan
Sebelum kita memutuskan
Untuk terus atau berhenti
Tidak ada larangan tertulis
Tidak ada suara yang melarang
Hanya rasa
Bahwa satu langkah lagi
Akan terasa berlebihan
Kasih berhenti di sana
Bukan karena habis
Tapi karena ragu
Apakah kehadirannya diinginkan
Kita pun belajar
Menghormati jarak
Yang tidak pernah diminta Menjaga batas
Yang tidak pernah dijelaskan
Dan tembok itu tetap berdiri
Rendah
Halus
Cukup untuk membuat
Orang-orang baik
Berhenti berjalan

Kita menyebutnya dewasa

Kami tidak diajari
Untuk curiga
Tidak ada kelas
Tidak ada peringatan resmi
Kami hanya melihat
Bagaimana orang-orang menahan diri
Bagaimana kebaikan dipelintir pelan
Menjadi tanda tanya
Dari situ kami belajar: Jangan terlalu ramah
Jangan terlalu peduli
Jangan memberi
Tanpa alasan
Yang bisa dijelaskan
Kecurigaan berpindah
Tanpa kata
Dari tatapan ke tatapan
Dari diam ke diam
Seperti kebiasaan keluarga
Yang tidak pernah dipertanyakan Akhirnya
Kasih pun datang
Dengan langkah hati-hati
Mengenakan sarung tangan
Agar tidak meninggalkan jejak
Yang bisa disalahartikan
Dan kita menyebutnya dewasa
Padahal itu hanya warisan
Yang diteruskan
Tanpa sempat kita pilih
Dan tidak bisa kita tolak
Di dunia yang kejam ini

Komentar terasa berisik

Pesan itu sudah diketik
Nama sudah terpanggil
Tinggal satu sentuhan
Yang tidak pernah terjadi
Jari berhenti
Bukan karena tidak peduli
Melainkan karena terlalu sadar
Akan jarak yang bisa runtuh oleh satu kata
Kita lebih sering
Melihat hidup seseorang bergerak
Daripada ikut hadir di dalamnya
Melihat kabar duka
Menonton kabar bahagia
Lalu diam
Komentar terasa berisik
Sapaan terasa mencurigakan
Lebih aman menjadi saksi
Daripada percakapan
Hati mundur selangkah
Meyakinkan diri
Bahwa perhatian tanpa suara
Sudah cukup
Pesan itu tetap tinggal
Di ruang draf
Tempat kasih disimpan rapi Tidak ditolak
Hanya tidak pernah sampai
Karena takut berkomunikasi

Maka kita memilih diam

Di dunia nyata
'Apa kabar' hanya pintu yang dibuka pelan
Tidak berisik
Tidak perlu alasan
Tapi di layar digital
Kalimat yang sama
Berubah menjadi risiko
Muncul begitu saja
Tanpa konteks
Tanpa undangan
Tanpa tanda
Bahwa kehadiran kita diizinkan
Apalagi pada mereka
Yang jarang meninggalkan jejak
Yang hidupnya sunyi dari unggahan
Yang kehadirannya
Tidak diumumkan ke publik
Sapaan terasa seperti terobosan
Bukan salam
Seolah perhatian
Harus menunggu momen tertentu
Agar tidak disalahartikan
Maka kita memilih diam
Menyimpan "apa kabar"
Sebagai niat baik
Yang terlalu berani
Untuk dikirim
Melalui alat komunikasi itu

Harus menjelaskan diri

Kasih datang
Tanpa kartu pengenal
Ia tidak selalu tahu
Aturan terbaru
Tentang jarak aman Maka perhatian pun Harus menjelaskan diri:
Bukan iklan
Bukan jebakan
Bukan transaksi
Yang menunggu balasan
Orang-orang menjaga diri
Dengan baik
Mungkin terlalu baik
Karena kebaikan pernah menyamar
Dan kasih pernah dipakai
Untuk keuntungan Sejak itu
Setiap niat lembut
Diminta pembenaran
Setiap kepedulian
Harus lulus pemeriksaan
Padahal tidak semua yang mendekat
Ingin mengambil
Ada yang hanya ingin hadir
Tanpa rencana
Tanpa agenda
Kasih bukan kejahatan
Kasih seperti korban zaman
Karena terlalu sering
Digunakan jadi topeng

Dan mengecewakan orang lain

Orang baik pun bisa melelahkan

Bahkan orang baik pun bisa melelahkan
Bukan karena niat mereka salah
Melainkan karena kedekatan
Membuka terlalu banyak pintu
Ada hari-hari
Di mana kebaikan mereka
Datang dengan suara
Dengan cerita yang berulang
Dengan kebiasaan kecil
Yang tidak pernah kita minta
Dan kita duduk di sana
Mendengarkan
Mengangguk
Mencoba tetap hadir
Sambil menghitung sisa tenaga
Ini bukan kebencian
Ini bukan pengkhianatan
Ini hanya pengakuan jujur
Bahwa mengasihi
Bukan selalu perasaan hangat
Orang baik tetap orang baik
Bahkan ketika mereka
Membuat kita ingin sendiri
Sebentar saja
Dan kelelahan itu tidak mengubah mereka
Menjadi jahat
Ia hanya mengingatkan kita
Bahwa relasi adalah kerja sehari-hari

Saat yang menyebalkan

Orang yang kita kasihi
Punya sisi yang selalu kita hafal
Cara bicara yang sama
Lelucon yang diulang
Kebiasaan kecil
Yang menusuk pelan
Bukan luka besar
Hanya duri
Yang tidak pernah hilang
Meski sudah lama bersama
Kita tahu persis
Di bagian mana ia akan muncul
Dan tetap saja
Kita terkejut
Setiap kali tersentuh
Andai kasih hanya memilih
Bagian yang nyaman
Mungkin segalanya lebih mudah
Tapi kasih tidak datang
Dengan gunting
Ia mengajak kita tinggal
Bersama duri itu
Belajar memegang lebih hati-hati
Bukan mencabut
Dan entah bagaimana
Justru di sanalah kesetiaan diuji
Bukan saat segalanya indah
Melainkan saat yang menyebalkan tetap kita peluk

Kasih ini berisik

Aku mengasihimu
Bukan seperti orang memilih foto
Menghapus bagian gelap
Lalu menyebutnya kenangan
Aku mencintaimu
Saat suaramu meninggi tanpa alasan
Saat lelahmu bocor
Ke orang yang salah
Saat kau tidak sedang layak
Untuk dimengerti
Kasih ini tidak selalu sabar
Dalam versi buku
Kadang ia menghela napas
Kadang ia diam terlalu lama
Kadang ia ingin pergi
Tapi memilih duduk
Karena tahu:
Pergi tidak selalu berarti benar
Aku mengasihimu
Dengan mata terbuka
Melihat keras kepalamu
Kebiasaanmu mengulang luka yang sama
Caramu mencintai
Dan menuntut
Ini bukan kisah romantis
Tidak ada musik latar
Hanya dua manusia
Yang saling mengganggu ritme hidup
Dan tetap tinggal
Kasih ini berisik

Penuh salah paham
Kadang tidak terasa hangat
Tapi ia nyata
Dan justru karena tidak diedit
Ia memilihmu setiap hari
Tanpa jaminan bahwa hari ini akan mudah

Kedekatan membuka detail

Semakin dekat
Semakin jelas bunyinya
Cara kau menghela napas
Saat berpikir lebih benar
Ketukan jarimu di meja
Yang selalu muncul
Di saat aku ingin sunyi
Dulu
Semua itu bisa kusebut remeh
Sekarang
Ia berdiri di tengah ruangan
Tidak bisa lagi disamarkan
Oleh sopan atau jarak
Kedekatan membuka detail
Nada yang berubah setengah nada
Lelucon yang diulang
Karena tak ada lagi yang baru
Kesal kecil
Yang tidak cukup besar untuk pergi
Tidak cukup kecil untuk diabaikan
Kasih tidak menyingkirkan gangguan
Ia memperpanjang waktunya
Membiarkannya tinggal
Mengajarkan kita
Bagaimana hidup
Dengan sesuatu
Yang terus mengusik
Ini bukan tentang siapa yang salah
Ini tentang dua kebiasaan
Yang saling bertabrakan

Setiap hari
Dan tetap pulang
Ke alamat yang sama
Jika aku masih di sini
Bukan karena kau mudah Melainkan karena aku tahu:
Tidak ada kedekatan
Yang bersih dari gesekan
Dan mungkin
Yang kita sebut kasih
Adalah kesediaan Untuk tidak kabur
Saat gangguan
Akhirnya terlihat jelas

Aku memilih tinggal

Kasih tidak selalu datang
Dengan dada yang ringan
Kadang ia muncul
Saat tidak ada apa-apa yang ingin dirayakan
Ia bukan getar
Bukan rindu yang manis
Ia lebih mirip jam
Yang tetap berbunyi
Meski hari terasa berat
Aku memilih tinggal hari ini
Bukan karena kau mudah
Bukan karena aku lapang
Melainkan karena pergi
Tidak sedang jujur
Besok
Pilihan itu kadang diulang
Dengan nada suara
Yang sama
Dengan kebiasaan
Yang kembali menjengkelkan
Dengan lelah
Yang tidak meminta izin
Kasih bekerja
Tanpa sorak
Ia menyiapkan kursi
Mendengar ulang cerita
Yang sudah hafal akhirnya
Dan tetap menjawab
Tanpa berharap keajaiban
Jika ada kehangatan

Itu bonus
Bukan syarat
Yang utama
Adalah kesediaan
Untuk hadir lagi
Meski perasaan tidak ikut datang
Mungkin inilah kasih Yang paling sering kita jalani Dan paling jarang kita sebut:
Bukan perasaan yang bertahan Melainkan keputusan
Yang tidak menyerah
Karena kasih itu sendiri
Bukanlah sebuah kesalahan

Di meja yang sama

Kami duduk
Di meja yang sama
Dengan piring yang sama
Dan percakapan yang tidak lagi mengejutkan
Kursi ini tidak mengikat
Aku bisa berdiri kapan saja
Tidak ada tangan
Yang menahan bahuku
Hanya kebiasaan
Yang belum kulepaskan
Ada saat
Aku ingin pergi
Bukan karena benci
Melainkan karena lelah
Mengulang nada yang sama
Meja ini bukan altar
Ia bukan mezbah suci
Hanya permukaan kayu
Yang menyimpan jejak siku
Bekas gelas
Dan diam yang terlalu sering
Aku tetap duduk
Bukan karena harapan besar
Melainkan karena hari ini
Pergi terasa lebih palsu
Daripada tinggal
Kasih itu memilih
Untuk tidak bangkit
Walau bangkit terasa benar
Dan duduk

Tanpa menuntut perubahan segera
Jika suatu hari aku berdiri
Itu bukan pengkhianatan
Hanya tanda
Bahwa waktunya
Sudah selesai
Tapi hari ini
Aku masih di sini
Di meja yang sama
Dengan tubuh yang hadir dan hati yang capek

Tidak selalu berarti kegagalan

Aku lelah
Bukan karena kasih itu salah
Melainkan karena ia terus bekerja
Tanpa jeda
Tidak ada pertengkaran besar
Yang bisa kutunjuk sebagai alasan
Tidak ada luka dramatik
Yang layak diceritakan ulang
Hanya hari-hari
Yang menuntut kehadiran
Lebih sering
Daripada yang bisa kuberikan
Aku tetap mengasihi
Sambil menghitung napas
Bukan untuk berhenti
Hanya agar tidak jatuh
Di tengah kalimat yang sama
Jika aku kini melambat
Itu bukan karena hatiku mengeras
Ia hanya kehilangan tenaga untuk selalu siap
Aku belajar
Bahwa kelelahan
Tidak selalu berarti kegagalan
Kadang ia hanya penanda
Bahwa aku sudah cukup lama memberi
Tanpa diisi
Hari ini
Aku tidak meminta dipahami
Aku hanya berhenti
Menuntut diriku sendiri

Untuk selalu kuat
Dan itu pun masih termasuk bentuk kasih

Kasih terasa jarang

Atau mungkin
Bukan aku yang terlalu berharap
Melainkan dunia
Yang sedang kehabisan tenaga
Untuk mendekat
Aku melihat wajah-wajah
Yang hafal ayat
Namun jarang mengetuk
Tangan terlipat rapi dalam doa
Tapi jarang terulur
Kepada yang duduk di sebelah
Jika saudara seiman pun
Menunggu giliran untuk peduli
Apa yang bisa kuharapkan
Dari dunia
Yang tidak pernah berjanji apa-apa?
Ini bukan tuduhan
Hanya ratapan
Yang jatuh pelan
Dan tidak diangkat kembali
Mungkin dunia lelah
Karena terlalu lama bertahan
Mungkin orang-orang sibuk
Menyelamatkan diri masing-masing
Hingga kasih
Menjadi barang tambahan
Bukan kebutuhan bersama
Aku tidak marah
Aku hanya mencatat
Bahwa keheningan ini

Bukan sepenuhnya milikku
Dan jika kasih terasa jarang
Barangkali bukan karena aku
Tidak layak menerimanya
Melainkan karena dunia
Sedang lupa bagaimana caranya hadir

Memberi lagi

Aku sudah berdamai
Dengan kemungkinan
Bahwa kebaikan
Tidak selalu kembali
Tidak dibalas
Itu bisa kuterima
Tidak dianggap
Itu masih bisa kulewati
Bahkan penolakan
Tidak selalu melukai
Jika aku tahu
Aku memberi dengan jujur
Yang melelahkan
Adalah mengulangi gerakan yang sama
Saat tangan mulai gemetar
Memberi lagi
Bukan karena disambut
Melainkan karena kasih
Belum selesai dikerjakan
Aku tahu
Memberi tidak pernah salah
Kadang hanya caranya
Yang belum tepat
Kadang waktunya
Kadang orangnya
Belum sanggup menerima
Ada hari-hari
Di mana memberi terasa ringan
Ada juga hari
Di mana ia menjadi

Latihan panjang
Tanpa tepuk tangan
Jika ada kebahagiaan dalam memberi
Ia tidak selalu hadir seketika
Sering kali ia tersembunyi
Dalam keteguhan untuk tidak mengeras
Hari ini
Aku tetap memilih memberi
Bukan karena kuat
Melainkan karena aku menolak lelah
memimpinku

Aku memilih diam

Aku tidak sedang berubah
Menjadi dingin
Aku hanya berhenti
Mengulurkan diri ke setiap arah
Hari ini
Aku memilih diam
Bukan sebagai hukuman
Bukan sebagai balasan
Melainkan sebagai ruang
Agar aku tetap utuh
Ternyata
Diam pun bisa dicurigai
Ia sering disalahartikan
Sebagai penolakan
Atau lebih buruk
Sebagai kebencian
Padahal
Aku hanya menarik tangan yang gemetar
Agar esok hari
Ia masih mampu memberi tanpa patah
Jika aku tidak hadir seperti biasa
Bukan berarti aku berhenti peduli
Kadang kasih
Perlu bersembunyi sebentar
Agar tidak mati
Di bawah tuntutan
Untuk selalu tampak baik
Aku tidak memilih jahat
Aku hanya memilih
Tidak runtuh di hadapan ekspektasi

Yang tidak pernah bertanya
Apakah aku masih sanggup
Dan diam ini
Meski disalahpahami
Adalah cara terakhirku
Untuk tetap setia pada kasih yang Tuhan beri

Menjaga jarak

Aku tidak memusuhimu
Aku hanya mundur satu langkah
Agar tidak saling melukai
Lebih jauh
Tidak ada amarah besar
Yang bisa kusebutkan
Tidak ada pintu
Yang kututup keras-keras
Hanya jarak kecil
Yang tumbuh pelan
Demi menjaga napas
Menjaga jarak
Bukan selalu bentuk ketakutan
Kadang ia adalah
Cara paling sunyi
Untuk tetap waras
Aku masih mengingatmu
Tanpa perlu hadir
Masih peduli
Tanpa harus terlibat
Ini bukan kemenangan
Juga bukan kekalahan
Hanya posisi yang aman
Untuk bertahan
Jika ini tampak dingin
Itu karena dunia
Lebih terbiasa dengan ledakan
Daripada langkah mundur yang sopan
Aku tidak memilih kebencian
Aku hanya memilih tidak hancur

Demi menjelaskan
Apa yang tidak lagi sanggup kutanggung

Maka aku hadir setengah

Aku tetap datang
Duduk
Tersenyum
Pada waktu yang tepat
Menjawab seperlunya
Tubuhku ada
Tapi hatiku belajar
Bersembunyi di balik kalimat aman
Aku tidak ingin menjelaskan
Hidupku terlalu jauh
Bukan karena tidak percaya
Melainkan karena lelah
Mengulang cerita
Yang selalu harus dipertahankan
Di sini
Berbagi terasa seperti risiko
Diam terasa lebih masuk akal
Kita belajar menyaring diri
Sebelum disaring orang lain
Maka aku hadir setengah
Cukup dekat
Untuk tidak dicurigai
Cukup jauh
Untuk tidak terluka
Ini bukan kepura-puraan
Ini pertahanan
Dunia mengajarkanku
Bahwa keterbukaan sering dibayar mahal
Jika aku tampak utuh
Itu karena bagian yang rapuh

Sudah disimpan lebih dulu
Dan ratapan ini
Bukan tentang kesepian
Melainkan tentang kehati-hatian
Yang terlalu lama
Menjadi zona nyaman

Tanganku masih terulur

Aku tidak datang dengan yakin
Tidak dengan kata-kata yang rapi
Tanganku gemetar
Saat memilih untuk tetap terulur
Kasih ini tidak terlihat indah
Langkahnya tersandung
Caranya sering salah
Namun ia tetap bergerak
Ke arah yang benar
Aku tahu
Kasih tidak pernah keliru
Yang sering keliru hanyalah prosesnya
Waktunya
Bahasanya
Keberanianku yang belum utuh
Aku tidak menunggu rasa siap
Aku bergerak
Karena diam terlalu mirip
Dengan menghindar
Dan menghindar bukanlah bentuk iman
Bagaimana aku mengaku
Mengasihi Tuhanku
Jika aku terus menunda
Mengasihi sesamaku dengan sengaja?
Maka aku belajar
Mengasihi sambil takut
Memberi sambil canggung
Hadir sambil terbatas
Kesetiaanku kecil
Nyaris tak terlihat

Namun hari ini
Tanganku masih terulur untuk orang lain

Takut kujadikan saksi

Aku tidak menunggu takut ini pergi
Aku berjalan
Sambil membawanya
Kasihku tidak gagah
Ia belajar dari ragu
Dari tangan yang masih ingat
Bagaimana rasanya ditarik kembali
Setiap langkah kecil
Mengandung kemungkinan salah
Namun menunda
Hanya akan membuatku
Semakin mahir menghindar
Aku mengasihi
Bukan karena sudah berani
Melainkan karena kasih
Tidak pernah meminta keberanian sempurna
Takut ini tidak kuhina
Takut kujadikan saksi
Bahwa pilihanku sadar
Bukan reaksi kosong
Jika hari ini aku tetap datang
Itu bukan tanda aku kuat
Melainkan tanda
Aku tidak menyerahkan arah mepada ketakutan
Aku belajar
Pelan
Sering salah
Namun bergerak
Dan kasihku ini
Meski ditemani takut

Masih memilih untuk tinggal

Karena kasih adalah yang terindah

Tidak menyatukan semua yang retak

Kasih tidak selalu mengakhiri konflik
Tidak menyatukan semua yang retak
Ia tidak memberi jawaban
Yang bisa dipajang sebagai kesaksian
Namun ia tinggal
Saat segalanya nyaris pergi
Tidak ada perubahan besar
Yang bisa kutunjuk
Hanya kerusakan
Yang tidak jadi terjadi
Hanya jarak
Yang tidak sepenuhnya menjadi jurang
Kasih ini bekerja
Seperti penahan runtuh
Tak terlihat
Jarang dipuji
Namun setia menahan beban
Yang seharusnya menjatuhkan
Ia tidak menyembuhkan segalanya
Ia hanya memastikan
Kita masih berdiri
Esok hari
Jika ini terasa kecil
Itu karena kita terbiasa
Mengukur kasih
Dari hasil yang gemilang
Padahal sering kali
Kesetiaan paling nyata
Adalah mencegah yang terburuk
Dan hari ini

Aku memilih kasih
Karena ia menjaga dunia kecilku tetap utuh

Tidak mengasihi jauh lebih berat

Jika aku tetap mengasihi
Itu bukan karena jalannya lapang
Aku tahu
Aku bisa salah di tengah proses
Aku tahu
Niat baik tidak selalu rapi
Namun
Tidak mengasihi jauh lebih berat
Untuk kutanggung
Aku lebih sanggup menyesali
Cara yang keliru
Daripada membenarkan
Ketiadaan kasih
Yang sengaja kupilih
Jika aku mampu berbuat baik
Dan memilih tidak melakukannya
Keheningan itu
Lebih bersalah
Daripada usaha yang pincang
Kasih ini tidak selalu suci
Ia belajar sambil jatuh
Meminta maaf sambil berjalan
Dan memperbaiki diri
Tanpa berhenti bergerak
Aku tetap mengasihi
Karena menahan diri sepenuhnya
Akan membuatku
Kehilangan arah
Dan kehilangan arah
Lebih berbahaya

Daripada tersesat sebentar
Selama aku masih bisa
Mengasihi diriku
Di tengah kegagalan
Aku akan terus belajar
Mengasihi yang lain
Bukan karena aku yakin
Melainkan karena ini
Yang paling perlu
Untuk tetap menjadi manusia

Dunia ini lelah

Tuhan
Kami datang
Bukan dengan keyakinan penuh
Melainkan dengan bahu yang berat
Dan langkah yang lambat
Dunia ini lelah
Bukan karena terlalu jahat
Melainkan karena terlalu lama
Bertahan tanpa jeda
Ajari kami
Mengasihi tanpa harus menjadi kuat
Memberi tanpa merasa menjadi penyelamat
Dan hadir tanpa tuntutan untuk selalu benar
Beri ruang
Bagi yang takut
Untuk tetap mencoba
Bagi yang diam
Untuk tidak dicurigai
Bagi yang letih
Untuk beristirahat tanpa merasa gagal
Kami tidak meminta dunia yang sempurna
Hanya dunia yang tidak runtuh
Karena kekurangan kasih
Yang sederhana
Jika hari ini
Kami hanya mampu mengasihi sedikit
Biarlah yang sedikit itu cukup
Untuk menjaga satu sama lain

Semua sulit dikasihi

Semua sulit dikasihi
Dengan caranya masing-masing
Dengan luka yang disembunyikan
Dengan kebiasaan yang melelahkan
Dengan ketakutan yang jarang diakui
Termasuk aku
Dengan kelemahan yang berulang
Dengan kegagalan yang belum rapi
Dengan kasih yang sering canggung
Dan langkah yang tidak selalu tepat
Namun kesulitan ini
Tidak membatalkan kasih
Ia hanya menyingkap
Betapa kasih
Bukan reaksi alami
Melainkan pilihan yang dipelajari
Kasih tidak selalu diterima
Sering kali ia berlalu
Tanpa disambut
Tanpa dipahami
Tanpa kembali
Namun kasih tidak menjadi sia-sia
Hanya karena ia tidak diterima
Ia tidak merusak
Ia tidak mencederai
Ia tidak menyesali dirinya sendiri
Aku akan tetap mengasihi
Bukan karena aku yakin hasilnya
Melainkan karena aku yakin
Kasih tidak pernah

Menjadi kesalahan
Jika dunia tidak menampungnya
Aku percaya
Kasih tetap tercatat
Dilihat
Diterima
Oleh Tuhan yang mengetahui
Bahwa usaha yang tulus
Tidak pernah hilang
Semua sulit dikasihi
Dan justru karena itu
Kasih tetap kupilih
Hari ini
Dan sampai selama-lamanya

Terima kasih telah membaca!

Jika kamu meninggalkan ulasan untuk bukuku, kirim email ke abrahamreymond02@gmail.com, dan aku akan mengirimkan puisi bonus eksklusif khusus untukmu!

Also by Abraham Reymond

7 Deadly Sins in Poetry
My Thief of Joy
Romanticized Sin

Darkness of Entertainment Industry
When Art Stands Above Life
Genius Lost in Silence
Art As Slavery

Heartbreak
Unreachable, Unavailable
Kekasih orang
Just A Dead Star
Will You Love a Depressed Person?
Puisi Novel Kekasih Orang

History of mankind
Verses of Three Kingdoms

Household Poetry

Kitchen Psalms

Daily Baptism

The Child's Dreamroom

Lamentation

Not Dead, Not Living

Meratapi Nasib

How the Star Has Fallen

Death Is a Blessing

Lament of Sacred Spaces

Not Everyone Is Chosen

Puisi Renungan: Meratapi Nasib

Semua Haus Kasih, Semua Sulit Dikasihi

Praise & Worship Collection

The Epitome of Beauty

God of My Youth

Psalms For Children

Tuhan yang indah

Worship in Heartbreak

Registered in Heaven

Romance in the air

One Love Until the End

Senyuman yang kusuka

Girl of My Dreams
Sanctuary of the Parents
Renungan: Senyuman yang Kusuka

Romantic Novel in Verse
One Love Until the End: A Novel in Verse

The wonders of nature
God's Breath of Life
The Rooted Ones

The Work of Worship
The Work of Worship I: Prayer

Verses of animals and beasts
Ancient Echoes: Creatures of Old
Mythbeasts: Songs of the Imagined
Mythbeasts: Songs Of The Imagined, Illustrated Edition
Songs Beneath the Water

Wisdom Psalms
Wake up, sleeper
Berbahagialah
The Wisdom Chronicles
Building Churches in Our Youth

Money As My Servant
Their First Church is You
Leadership Born From Depression

Worship Poetry Devotional

The Epitome of Beauty: A Poetry Devotional
God of My Youth: A Poetry Devotional
Tuhan yang Indah: Puisi Renungan

Standalone

Things We Overlook: A Mall Poetry Collection
Bites & Rhymes
Foundation of Logic And Reality
Girl of My Dreams
Girl of My Dreams: Illustrated Edition
Love in Style
Will You Love a Depressed Person?: Novel in Verse
Wake Up, Sleeper: A Poetry Devotional
Things We Overlook — Illustrated Edition
The Days When Magic Broke
Unreachable, Unavailable – A Novel in Verse
Atlas of the Endless Realms
The Martial Muse
Illustrated Bites & Rhymes

Watch for more at patreon.com/Reymondpoems.

About the Author

Abraham Reymond is a passionate poet whose work explores the quiet corners of life, the ache of unspoken emotions, the presence of faith, and the wonder found in both the ordinary and the imagined. His poems reflect themes of spirituality, love, heartbreak, and the overlooked moments that make us human.

With clarity, consistency, and a heart full of discipline, Reymond turns silence into verse—sharing honest, reflective poetry that speaks to readers from all walks of life. Whether rooted in reality or inspired by fantasy, every line he writes is a piece of his soul.

He shares his poetry daily across platforms and is committed to building a lasting legacy, one poem at a time. Read his fantasy books for FREE at Patreon

Read more at patreon.com/Reymondpoems.

About the Publisher

Infinite Verse is a poetry-driven creative brand founded by Abraham Reymond, offering spiritually rich, emotionally resonant writing across digital and print platforms. Its mission is to glorify God through literature, build churches in hearts, and inspire readers to find purpose in every verse.

www.ingramcontent.com/pod-product-compliance
Lightning Source LLC
LaVergne TN
LVHW060306051026
849517LV00003B/993